FRIEDRICH BURGMÜLLER

25 ÉTUDES FACILES ET PROGRESSIVES

25 LEICHTE ETÜDEN – 25 EASY STUDIES

für Klavier / for Piano

Opus 100

Herausgegeben von / Edited by
Adolf Ruthardt

EDITION PETERS

LEIPZIG · LONDON · NEW YORK

Johann Friedrich Burgmüller (* 1806 in Regensburg, † 1874 in Beaulieu (Frankreich)), Schüler seines Vaters August Friedrich B.; ein zu seinen Lebzeiten bekannter, überaus fruchtbarer Komponist leichter Salonmusik, lebt in den Etüdenwerken 73, 100, 105 und 109 noch bis zur Gegenwart fort, während zwei Balletmusiken, die er in Paris, wo er seit 1832 als Klavierpädagoge ansässig war, in Gemeinschaft mit Flotow und Deldevez schrieb, längst ihrer Zeit Tribut zollten. Seine Etüden haben dagegen für den Unterricht auf Elementar- und unteren Mittelstufen ihre Nützlichkeit bewahrt. Am höchsten brachte den Namen Burgmüller sein Bruder Norbert (1810–1836) zu Ehren. Ein Schüler Spohrs und Hauptmanns, stellte er sich trotz seines kurzen Lebens durch Symphonien, Kammermusikwerke und Lieder in die Reihe von Deutschlands liebenswürdigsten Romantikern Spohrscher Richtung.

JOHANN FRIEDRICH BURG-MÜLLER (born at Regensburg in 1806, died at Beaulieu (France) in 1874) pupil of his father August Friedrich, a prolific composer of light drawing-room music, and well known in his day; he still lives in his étude-works 73, 100, 105 and 109 while two ballet-compositions which he wrote, together with Flotow and Deldevez, in Paris where he had settled in 1832 as piano-pedagogue, have long since paid their tribute to time. His études, on the other hand, are still esteemed as affording valuable instruction in the elementary and lower intermediate grades. His brother Norbert (1810-1836) contributed most towards raising the name of Burgmüller to honours. A pupil of Spohr and Hauptmann, in spite of his short life, his symphonies, chamber-music and songs gained for him a place among the favourite romantic composers of the Spohr school.

Jean-Frédéric Burgmuller (Ratisbonne 1806– Beaulieu 1874) travailla sous la direction de son père. Auguste-Frédéric. Etabli à partir de 1832 à Paris comme professeur de piano, il se signala par une fécondité extraordinaire dans la composition de musique de salon et produisit en outre, en collaboration avec Flotow et Deldevez, deux ballets totalement oubliés aujourd'hui. Par contre, ses cahiers d'études, op. 73, 100, 105 et 109, ont conserve leur utilité pédagogique pour les degrés élémentaire et moyen et sont restés justement appréciés. Le nom de Burgmuller fut surtout mis en honneur par le frère de Jean-Frédéric, Norbert (1810-1836) qui, élève de Spohr et de Hauptmann, sut, malgré sa brève existence, se conquérir avec ses symphonies, sa musique de chambre et ses lieder une place honorable dans l'école romantique allemande de la lignée de Spohr.

Inhalt

La candeur

Offenen Sinnes — Artless mind

Friedrich Burgmüller (1806-1874) op. 100

Herausgegeben von Adolf Ruthardt

Arabesque

2.

Pastorale

Hirtenweise — Pastoral

Andantino ♩.= 66

3.

Petite réunion

Kindergesellschaft — Children's party

Allegro non troppo ♩=152

4.

Innocence

Unschuld

Progrès

Fortschritt —— Progress

6.

D. C. al Fine

Courant limpide

Am klaren Wasserstrom —— By the limpid stream

D. C. al Fine

La gracieuse

Die Anmutige —— The sweet grace

La chasse

Die Jagd — The chase

Tendre fleur

Zarte Blume — Tender flower

La bergeronette

Die junge Schäferin — The young shepherdess

Adieu

Abschied —— Farewell

Consolation

Trost

La styrienne

Steirisch — Styrian

Ballade

15.

Douce plainte

Sanfte Klage — Gentle plaint

Babillarde

Plappermäulchen — Chatterbox

Inquiétude

Unruhe — Discomfort

Ave Maria

Tarentelle

Harmonie des anges

Engelsstimmen — Angel's voices

Barcarolle

Gondellied — Gondola song

Retour

Heimkehr — Returning home

23.

L'hirondelle

Die Schwalbe — The swallow

Allegro non troppo ♩ = 138

24.

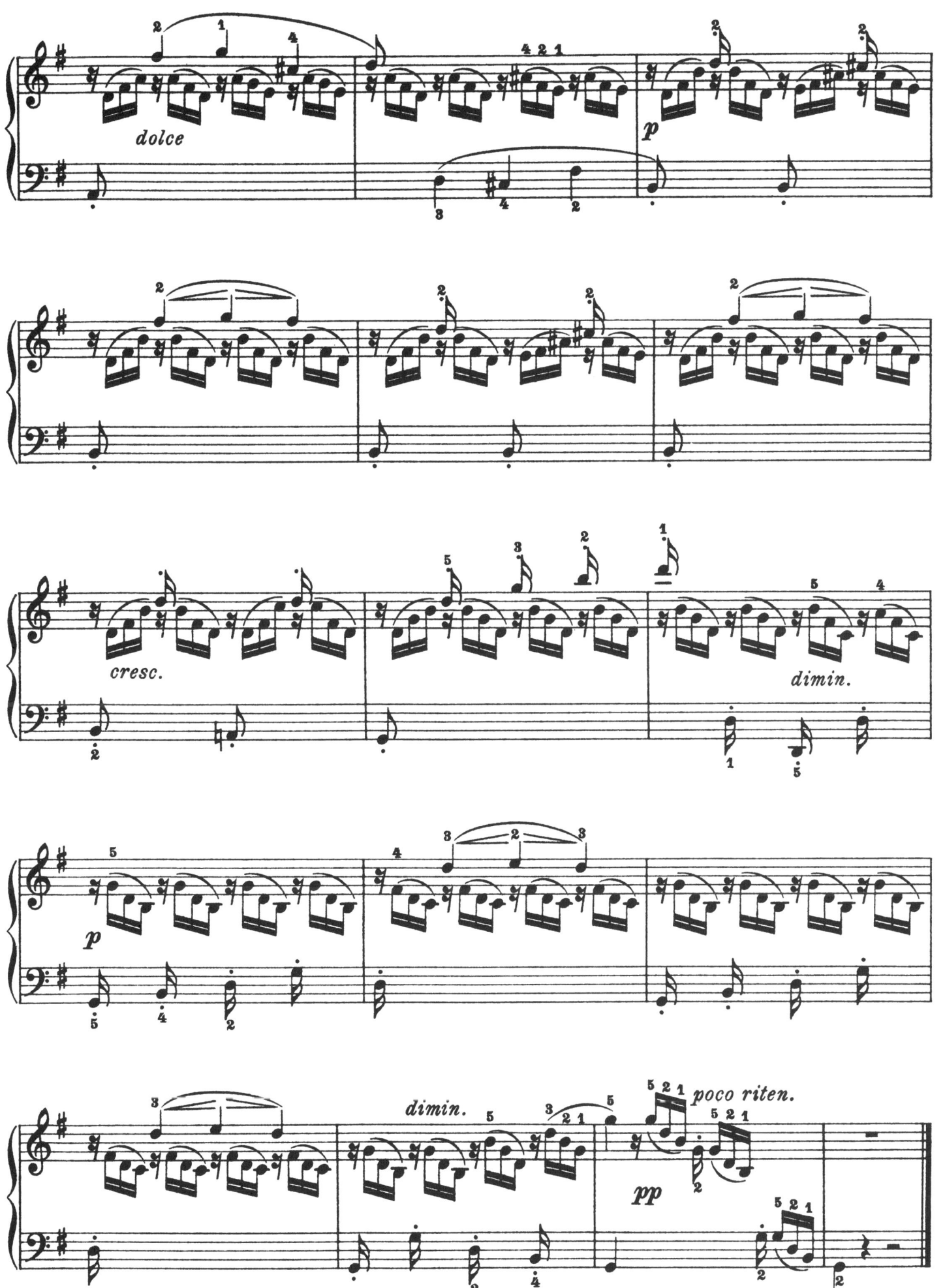

La chevaleresque

Des Edelfräuleins Ritt —— My lady's ride

25.